Chaand adhoora tha aasmaan me

Adhoore ham, adhoore tum,

adhoori hamari khwahishein bhi.

Log kahte hain waqt har

zakhm bhar deta hai

Par kuchh zakhm aise bhi hain

jinhe waqt hi hara kar deta hai.

Door kahi khamoshiyon se

aawaaz aayi

Woh to nahi aayi,

uski yaadein mere paas aayi.

Muhabbat me unke hamne

itna kiya sabar

Sabko pata chala bas

unko hi na hui khabar

Dhoondhti hain meri

nazarein bas unko darbadar

Aur who hi hain is

haal-e-dil se bekhabar.

Maana ki hamne nahi bitaye

sang pal do chaar

Nahi kiya baar baar

apne pyaar ka izehaar

Magar kya tumhare thukarane par bhi,

maani thi hamne haar

To kya jhootha tha mera pyaar...

Chhedte nahi the tumhare

naam se mujhe mere dost yaar

Hoti nahi thi tumse kabhi aankhein chaar

Fir bhi ki hamne koshishein barambar

To kya jhootha tha mera pyar...

Naa aaya kabhi sath tere

sab kuchh chhod char

Galatiyaan mujhse bhi hui kayi baar

Par ab to gussa thuk do, maan jao mere yaar

To kya jhootha tha mera pyaar...

Bewajah khoya rahta hu

yaadon me teri

Ye soch kar ki yaad tujhe bhi

to kabhi aati hogi meri.

Aaj bhi jab kabhi hoti hai baarish

Hota hai ehsaas is baat ka ki

Hai haqiqat kuchh aur

Kuchh aur hai meri khwaahish.

Raat ke aansu

Nikal pade barbas

bebak andheri raahon mein

Hai ishq unhe hamse kitna

Dekhne ye unki nigaahaon me.

Tha ho gaya wo thak kar choor

Rah gaya adhoora tha uska safar

The raaste wahi, thi manzilein bhi wahi

Bas saath nahi tha hamsafar.

Aayi na koi duaa,

na hi koi salaam

Na aaya bahut arse se,

unka koi paigaam

Rahte hain din adhoore,

ab maayus rahti hai shaam

Hai ishq nahi unko hamse,

par labon pe mere bas unka naam.

Isse pahle ki andheri raat ho jaaye

Khatm tere dil ke sare zajbat ho jaaye

Bas ek dafa tujhse baat ho jaaye

Shayad achhe halaat ho jaaye.

Hoon manta main dil apna

teri muskaan pe haara tha

Khoya rahta tha teri yaadon me,

wash khud pe kahan hamara tha

Tha waqt sahi, the halaat sahi,

Na koi kasoor tumhara tha

Haan maan liya hamne yah ki

sara dosh hamara tha.

Ae kash puri ho jaati meri

ek adhoori khwaahish

Ki kabhi adhoori na rahti

meri koi Khwaahish.

Sab chhor gaye usko tanha

Rooth gayi uske qismat ki lakeer

Chhodi mushqilon ne koshishein kahaan

Par bech na paayi uska Zameer.

Tum chaho to dil ke saare

jazbaat badal sakte hain

Waqt ka to pata nahi,

halaat badal sakte hain

Mann ko jo na bhaye teri,

wo sari baat badal sakte hain

Yaadon ka to pata nahi,

Khayalaat badal sakte hain.

Yu hi labon pe rakh ke jhoothi hansi

Ab kabhi muskura

deta hoon main

Mil jaye agar wo khwab me bhi kabhi

To khwaab samajh kar

bhula deta hoon main.

Rahte hain wo mere dil ke paas

Aur ham unke khwaabon se bhi door

Waqt to bewajah badnaam hai

Hai insaan yaha insaan se majboor.

Aaj hamse baat karne ki

unko fursat hai kahaan

Kiya mahine bhar intezaar,

tab Eid ka chaand nikla hai waha

Sochta hoon mai bhi ki,

Deedar kar loon is dafa

Par wo to Eid ka chaand hai,

har kisi ko har waqt dikhta hai kaha.

Jab se gaye hain wo chhod kar

Gam doona ho gaya hai

Unki yaadon se tha jo aabaad

Ghar soona ho gaya hai.

Love means never having to

Speak aloud that you love her,

Eyes should shout quietly.

Admit how you feel about her,

Heart should convey warmly.

Fear what the world says,

Should stay together firmly.

Be afraid of what future beholds,

present moment must be spent happily.

Gazab dastoor hai duniya ka

Sunne ko sab taiyar hain

Samajhne ko koi bhi nahi

Samjhane ko sab taiyar hain

Haath batane ko koi bhi nahi

Dil dukhane ko sab taiyar hain

Aansu pochhne ko koi bhi nahi

Pasand bahuto ne kiya magar,

Pyaar kare aisa koi bhi nahi.

Chhoti chhoti galat fehamiyon ka

Asar yoon hota gaya

Dooriyaan badhti gayi

Aur pyar kam hota gaya.

Kam zindagi ke din hain chaar

Bas roothne manane ko

Apna waqt na tu kar bekar

Unki yaadon ko bhulane ko

Rakh hausla, tu na maan haar

Badal khushiyon ke paimane ko

Ek pal ko to tu jee le yaar

Haan bhool kar zamane ko.

Chahe jhootha hi sahi magar

pyaar to hamse jatao na

Haqeeqat me na sahi par

khwaabon me to aao na

Jo baat dabi hai dil mein tumhare,

labon pe apne laao na

Hai agar koi shikwa gila to

hamko tum batlao na

Hai soon para yaadon ka Shahar

Aakar isme bas jao na

Hoon soya gahri neend me main

tum aakar mujhe jagao na

Ab itni bhi berukhi tum

hamse to na dikhlao na

Haan umra bhar ke liye na sahi,

ek pal ke liye ruk jao na.

Hai haqeeqat to yah ki

main unko chahta bhi nahi

Par koi aur unhe chahe to

ye dil manta bhi nahi

Hai unhe to is baat ka

zara bhi ilm nahi

Ki unke deedar ke bina ye

dil dhadakna janta bhi nahi.

Muddaton baad aasmaan me

Aaj tare dikhayi diye

Laal ishq ka chhodkar

Rang sare dikhayi diye.

You know, it is LIFE

It moves on,

Even if you are still.

Kiya jo maine tumse ishq

Bata use mai kya kahoon

Anjani galti ya fir

manchahi khata kahoon

Hai ishq agar gunah to fir

De jo chahe saja mujhe

Hai tumse beintehaa muhabbat

Tu hi bata izehaar kab aur kaha karoon.

She asked, are you hiding

anything from me?

He replied, I cannot.

You are my only secret.

Kitna ajeeb hai na

Ghar baithe duniya dekhna asaan hai

Par duniya dekhkar ghar baithna nahi.

Tumhe paane ki chah mein

Humne khud ko pa liya

Jab hua maut se samna

To hame jeena aa gaya.

Udti bhale ho jhund me chidiyaa

Par hote sabke apne par

Ye sankat aisa aan pada hai

Hai shresth wahi jo atma-nirbhar.

Habits are like magnets

If you develop one good habit

It will attract ten good habits

If you develop one bad habit

It will attract twenty bad habits.

Every morning brings

Sense of happiness, gratitude

And fresh 24 hours of new opportunities.

Duniya nahi samajhti

Sab apko samajhna padta hai

De dete hain sab muft me gyan

Par karna sab apko hi parta hai.

Some relationships do not need

Roti, kapda and makaan

It just needs two honest insaan.

Tumhari Gair mauzudagi ka

Kuchh aisa asar hua

Thi khabar har bat ki par

Fir bhi main bekhabar hua.

Dear Men,

Keep your heads high

And pat your back

For the pain you hide

Behind the smile you fake.

I would be living a very different life If

I would not have come across difficulties

And tough phases in my life.

Dissatisfaction is when the reality

Does not match expectations.

I like friends who

Stand with you like Karna,

when

The entire world is against you.

The good thing about things falling apart is

They are bound to get together if

That is in your destiny.

Save time, time will save you.

If you kill time, time will kill you.

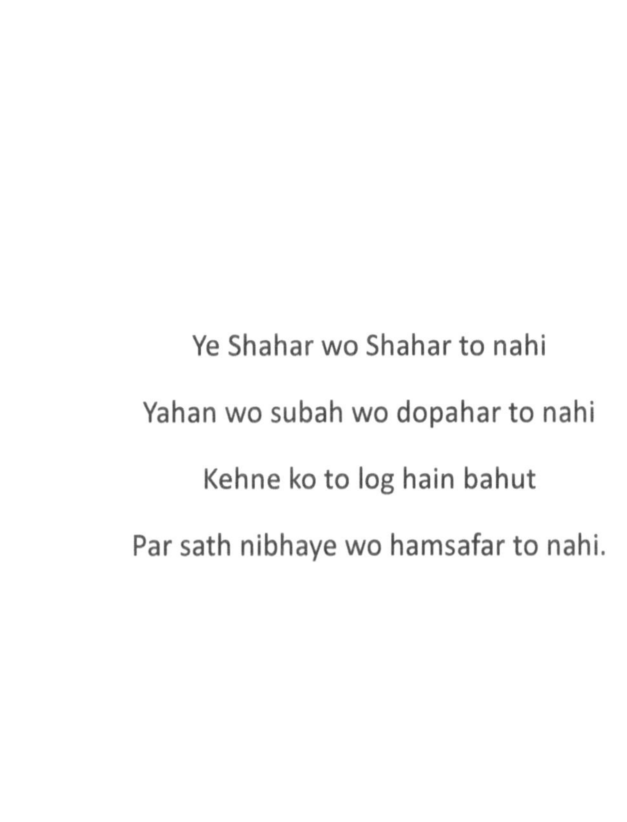

Ye Shahar wo Shahar to nahi

Yahan wo subah wo dopahar to nahi

Kehne ko to log hain bahut

Par sath nibhaye wo hamsafar to nahi.

Bharosa teen shabdo mein

Agadh Atoot Asha.

My 16-word love story

One-sided, invincible,

completely reliable, trustworthy,

yet a completely unsuccessful

and failed incomplete love.

Raat khwab bunti hai

Swapn me vichran karti hai

Kuchh naye kuchh purane yaadon ki barat

Lekar anjaan manzil ki aur nikalti hai.

Baat Zindagi ki ho ya race ki

Jeet to kachhuve ki hi honi hai.

Dard ki paribhaasha

Asha jab ban jaaye Niraasha

Wo dard ki shuruaat hai

Tootne lage jab dil ke taar

Wo pyaar nahi takraar hai.

Yakeenan jeet hogi

Tu hausla rakh, kar prayas

Ishwar par rakh vishwas

Tu ant tak na maan haar

Jeet teri hi hogi yaar.

If I were a jigsaw puzzle,

I would have loved those

Who could not have solved me

More than who could solve.

Even if the whole world turns its back on me

I am not gonna turn my back

I am not gonna give up

I am gonna rise above it all

And shine like the sun.

Good things happen when

You go through tough phases of life

With a smile on your face.

Khwaab ne kaha machal,

mazaa sitaron me hai

Gham ne kaha tadap,

pyaar gham ke maro me hai

Zindagi doobti hai, itrati hai,

iss dil ki tarah

To maut ne kaha chal,

tera ghar mazaro me hai

Maut to bewajah badnam hai,

dard to Zindagi jeene me hai.

Baatein bahut banate ho

Rula kar tum hamein, hamein hi

Manane ke tarike aajmate ho.

If the sun wakes up late in the morning

You should wake before and cherish

The natural beauty of sunrise.

Dil nahin jaanta

Baatein nahi maanta

Karta hai khud ki hi

Bekhudi nahi jaanta

Dil nahin maanta.

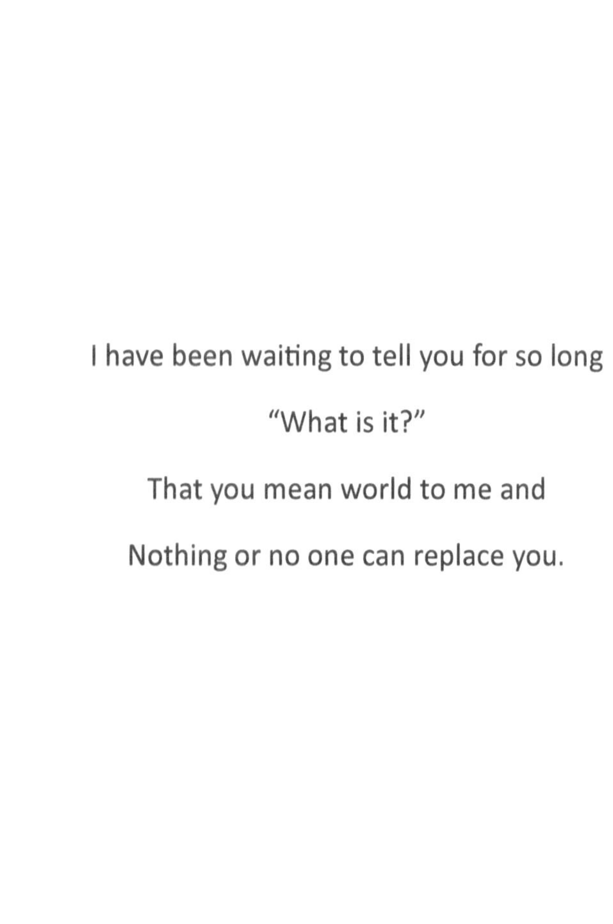

I have been waiting to tell you for so long

"What is it?"

That you mean world to me and

Nothing or no one can replace you.

Akela hoon aaj bhi

Virha ki agni me jalta hoon aaj bhi

Hoon bekhabar unke maujuda halaat se

Par unki yaadon me tadapta hoon aaj bhi.

Mera vishwaas hai ki

Andhera chahe kitna bhi

ghana kyu na ho

Savera hoga jaroor aur jab hoga

Shaandaar aur jabardast hoga.

I am looking for

Peace, calmness, and Serenity among

The chaos and uncertainties of life.

Accepting the truth is like…

Eating that bitter Neem tree's fruit

Which tastes horrible but shows reality.

Semiconductor quote:

Hey you, please be my pull-up transistor

Pull down transistors are already many.

Sathi haath badhana

Saathi saath nibhana

Ek akela thak jayega

Mil kar kadam badhana

Sathi haath badhana.

Kuchh lamhe jeevan me aise bhi aayenge

Jab aap puri tarah toot jayenge

Par yakeen rakhna us parvardigar par

Wo apka achha waqt jarur laayenge.

Having an afternoon nap feels like

Getting recharged fully again

After battery is about die.

Wo mudkar nahi aane wala

Kahi door chala gaya wo hamse

Yaadon ki haseen waadiyon me

Kho gaya wo jaise koi apna hi na tha

Ab bacha sirf ek afsaana hai.

I do not want to be

with you anymore

"But why?"

Because you have given me

a lesson for life

That do not love anyone

more than your life.

Walking alone is the best option

When you must reach somewhere fast

Because when the going gets tough

The tough ones get going.

It all seems like a fairytale

Whose ending did not go well.

The world needs more of

Manufacturer, providers, and creators

Rather than the

Seekers, askers, and consumers.

Between B for Birth and D for death

We must make C for choice.

Koi to hal hoga

Aaj nahi to kal hoga

Bas sabar rakh mere yaar

Tera khubsoorat har pal hoga.

Tum bhi na

Gazab baat karte ho

Na karte kabhi bhent

Na hi kabhi mulaqaat karte ho

Aate ho bas khwaabon mein

Na pure sare jazbaat karte ho.

When you focus on the good,

Good becomes better and

Better becomes best.

And, when you focus on the bad,

Bad becomes worse and

Worse becomes worst.

The secret to getting ahead is

Getting started from

Wherever you are and

Do not give up,

Never look back again.

When the truth knocked my door

It hit hard on my face

As reality was hard to digest

Yet I faced it with grace.

Khud ko barbad hamne

kuchh yoon kiya hai

Jhoothe chehron par jarurat

se jyada yakeen kiya hai

Aisi khataa aap ek bhi

bar mat karna

Kisi musafir par kabhi

aitbaar mat karna.

Apne nahi hue ham

Na hi hue paraye

In dono ke beech me

Zindagi diye bitaye.

Forcing someone to talk to you is like

Banging your head on the wall and

Controlling sand slipping

away from your hand.

Jab Ujaala ho gaya

Tab andhera chhat gaya

Aur Prakash ho gaya

Jo tha dhundhla sa

Sab spasht ho gaya.

Hunar jeene ka aa jaaye

To jeevan anandit ho jaaye.

Teri haan ho ya naa ho

Hamein sab manjoor hai

Are dil ka kya hai

Wo to pahle se chaknachoor hai.

Sarhad ke pahredaar

Hote hain desh ke sache wafadaar

Apne prano ki ahuti dene ko

Rahte hain sadaiv taiyyar.

Life is a tree

Whose roots are education and culture

And fruits are success and failure.

Pyaar hai mujhe un yaadon se

Jis pal saath tumhaara tha

Chhoda aaye ham wo galiyaan

Jahaan aana jaana tumhaara tha.

Mann ki seema jaane kaun

Khud ke andar jhaanke kaun

Sab khojte hai bahar man ke

Mann ke andar take kaun.

There is nothing more

powerful than

Will power, resilience and

Perseverance of a human being.

I started to demand more

from life when

I realized you do not get it

unless you ask for it.

And at the end you get

what you deserve.

Rang bharna hai zindagai mein hame

Rang wo saat indradhanush ke

Chahe wo hamsafar ban kar sath de

Ya Virha ke agni me tadapta chhor de.

Anxiety is that friend

Which can create wonders

If you know how to handle it.

Katu satya jeevan ka

Aap jinhe khona nahi chahte

Wo apke hona nahi chahte.

Expectation is inversely

proportional to happiness,

Lesser expectations result

in more happiness.

Khuda madadgar hai

Har kisi shakhs ke

Jise khud pe aitbaar hai

Wo parvardigar hai

Khuda madadgaar hai.

No matter how much money you have

Happiness, Good health, and respect,

Can never be bought

You must earn it.

Things around me started

to change when

I changed my mentality,

approach, and attitude.

When I stopped reacting

and started responding.

When I stopped complaining,

cribbing, and questioning

And started appreciating and

accepting the truth.

My 2-line Sunday Poem

Sunday is for soothing the sou

Relaxing the body and

rejuvenating the mind.

I started to make good progress in life when

I started accepting my flaws and weakness

Started working on it as a challenge and

Working on its improvement.

Time is like a river

Which if you learn

to swim alone,

You can sail through all

the difficulties of life.

Duniya ko jarurat hai

Imaandar logon ki

Jo seva kare sabhi ki

Chinta kare janhit ki.

Discipline is the most important

Ingredient in the recipe of Success.

What is not in your destiny

Will come and slip away

But what is in your destiny

Will find its way and stay forever.

Naseeb me jo likha hai

Jhak maar ke aayega

Jo nahi hai who

Aakar bhi chala jayega.

Neither failure nor rejection hurts,

As much as feeling of being ignored does.

When I cannot decide where to go,

I go inside my own mind

In search of my own self

To find better and calmer me.

Breaking a bad habit is like

Breaking that concrete wall which

Requires extreme strength and stamina.

Ae Zindagi tu ye bata

Hui hai hamse kya khata

Kyon milti hai thokarein har dafaa

Kab hogi meri mehnat falsafa.

Good food, good mood,

Nice place, amazing time

Soothing music, long drive

Makes me always feel alive.

Bekarar nazarein khule aasmaano

me ghoom aati hain

Masti se choor mast nazaron

ko choom aati hain

Bebas ummeed ke kandhon pe

Aawara baadal ke tarah

Meri nazarein laut ke

Tere deedar se mehroom aati hai

Mat kar intezaar uska

Jise jaana hai woh to jayega

Jise dena hai sath tera

Wo khud-b-khud chal kar aayega.

For me the biggest act of service

and charity is

Bringing smile on someone's face.

Two things I have

realized lately is

Nothing and no one are

going to wait for you

So, you must keep going,

you must keep moving ahead.

And there is only on help for you,

That is the person in the mirror.

Ek swachh aur swasth samaj ka nirmaan

Tab tak nahi ho sakta jab tak ki

Uske sabhi varg ke logon mein

Samajik Samrasta naa aa jaye.

If you were Santa,

What would you gift yourself?

Lifelong access to peace

Along with the prosperity.

The only certain thing in our lives is

The uncertainties of life and

The constant changes.

Muqaddar se ladkar bhi jise

Muqammal karne ki tamanna ho

Woh hai Ishq.

Aao naye saal mein ek

Naya aagaaz karein

Apne purane yaaron ko

Fir ek dafaa yaad karein

Chhoti si hi sahi lekin

Aao ek mulaqaaat karein

Chalo ek baar aur

Unse ham baat karein.

Things Fall Apart

Just to fall in place together

At a perfect time.

Beintehaan Ishq kiya hamne use

Tab bhi paayi hamne bewafai

Koshish ki lakh manane ki

Tab bhi na mana wo harjaai.

Detachment is the key to

The long-term happiness.

When I met you first

It quenched my thirst

Without you I cannot even imagine

My life will be worst

For me after my mom

You only come first

So please be mine forever

And let me get happiness and just.

Apke kathni aur karni mein

Antar jitna kam hoga

Apki baaton mein utna wajan hoga

Aur apke wazood me utna jyada dam hoga.

Jab jimmedari kandhe par ho

To kadam khud-b-khud sambhal jaate hain.

The success that world sees

Is total sum of struggle, pain

And turmoil that individual

Has gone through in silence.

Mile the jab dono mano

The do jism par ek jaan

Ab bichhde yoon dono

Hai na koi namonishaan.

Kya hai jeevan

Janm se mrityu tak ka

safar hai jeevan

Pyaase ke liye paani to

Bhookhe ke liye

bhojan hai jeevan.

At any point of time

If your plan is not working

Do not worry, be happy

Because then God's plan is working

He will not let you down.

Three things I look for

in a friendship

Trust, respect and loyalty.

Muddaton baad Zindagi me ek padaav aaya

Chood kar sabhi ko, bas tumpe pyaar aaya

Pyaar bhi dekho bemisaal aaya

Khud ko na bekhudi ka khayal aaya.

Save your time, money, and energy

And they will save you in return.

2 things that I fear but I want to do

Learn to swim and

Love someone from bottom of my heart.

Chand pal ki khushiyon ki khatir

Ham sara jahaan chhod aaye

Bas karne pyaar ka izehaar tumse

Ham apni sari duniya chhod aaye.

Bhula dunga tujhko main o bekhabar

Mere pyaar ki tujhko zara si bhi nahi khabar

Chahta hu tu bane mera dilbar

Aur tujhse pyaar karu main umra bhar.

When you reach top of

one mountain

Do not stop there,

As it might be bottom of

the another one.

Tum kitaabon ke samne jhuk jao

Ye tumhare samne duniya jhuka degi

Inme gyaan ka wo samandar hai

Tumhari kya sabki Pyaas bujha degi.

Udd aao kitni hi unchaaiyon se tum

Gharonda to zameen par hi banaoge na.

You do not miss me

Neither in the day,

Nor in the night

Neither in sorrow,

Nor in delight

Neither in love,

Nor in fight

You do not miss me

And that is not right.

Shukraguzaar hoon tumhara

Jo toda tumne dil Bechara

Iss toote dil se ab kya pyaara

Jo hai bas ab yahi reh gaya hamara

Baanki sab to ho hi gaya tumhara.

Kis cheej ki kami hai

Meri wafa me tu hi bata

Kya kam meri aankhon me nami hai

Agar nahi dikhi tujhe to bata

Gawaah ye asmaan aur zameen hain

Kisi aur ki mujhe jarurat kaha.

Zara muskura do

Gamon ko bhula do

Aao iss pal me jeekar

Ateet ke dukhon ko bhula do

Ek pal ke liye tum

Zara muskura do.

Kuchh yoon chubha tera

mujhe chhod kar jaana

Fir kabhi na hua kisi

aur ka mere dil me aana

Ab tu nahi teri yaadein

hain jane jaana

Bhoola nahi aaj bhi mai

tere liye apni palke bichhana

Intezaar rahega tera

tu laut kara aana.

Sahaj rahiye, saral rahiye

Rukiye mat, chalte rahiye

Zindagi bari chhoti hai sahib

Haste aur muskurate rahiye

Chand khwaab apne naino me lekar

Aahista Aahista kadam badhate rahiye.

Pachhtava rah jata hai

Jab insaan chahte hue bhi

Kuchh keh nahi paata hai

Pachhtava rah jaata hai

Jab paristhitiyaan anukool na rahti

Insaan majboor rah jata hai

Asahaay mehsoos karta hai wo

Use pachhtava rah jata hai.

You learn to value things when

You truly start losing them.

Ek Kavita tumhare liye

Chand panktiyaan tumhare liye

Likhne ko shabd kam pad jaayein

Kya kya likhoon main tumhare liye

Raat likhoon to din ho jaaye

Subah likhoon to shaam

Ho gaye ham badnaam

Kya kya likhoon main tumhare liye.

Raat hairaan kar deti hai

Mann ko pareshan kar deti hai

Poochhti hai lakhon sawaal

Baatein tamam kar deti hai

Hai mujhe iss baat ka malaal

Ki mujhe belagaam kar deti hai.

Chaand hamari baat na mane

Dil ke raaj na jaane

Jaane na dil ki bekhudi

Dil ke jajbaat na jaane.

Din ki shuruat aise karo

Baaton me apne mithaas bharo

Sabse tum pyaar karo

Par kisi ka na intezaar karo

Poore apne khwaab karo

Bas yoohin dil me na aahein bharo.

Teri yaad me aisa haal ho raha mera

Naa janu kab hoti shaam kab hota savera

Aathon pahar hai teri yaadon ka pehra

Dil me mere bas tera hi chehra.

Kab tak unki yaadon me khoye rahoge

Kab tak gam ke aansu pirote rahoge

Kab tak karoge apni aankhon ko nam

Pyaar ek jaisa nahi rahta hai hardam.

Nikal gaaye hai ghar se to

manzil par pahunch hi jaayenge

Kuch hamare sath jaayenge aur

Kuchh ke sath chhoot jaayenge.

Dosti...

Andhere me roshni ki mashaal hai dosti

Cheej badi ye bemisaal hai dosti

Bekhayali me aata khayal hai dosti

Holi ke rang aur gulaal hai dosti

Jiska na ho jawab wo sawaal hai dosti

Ye cheej lajawab aur kamaal hai dosti

Krishna aur Sudama ki misaal hai dosti

Jay aur Veeru ki kamaal hai dosti

Ishq se bhi upar filhaal hai dosti

Doston ke dil ka haal hai dosti

Sukh aur dukh ka tazurba-e-haal hai dosti

Aashiqon ke dil ka malaal hai dosti.

Bhagwaan har jagah nahi ho sakte the

Isliye unhone maa banayi

Maa har jagah nahi ho sakti thi

Isliye unhone dost banaye

Kya tareef karu main in dono ki

Ek se jeevan hai to dooje se zindagani meri

Inke bina sooni sooni hai kahaani meri

Umra bhar hai dosti nibhani teri.

Raat kahani kahti hai

Dard ki jubani kahti hai

Har un tadapte hue dilon ki

Pyaar ki nishani kahti hai.

January sapne dikhata hai

Aur

December Aukaat.

Asaan hota hai kya

Bina pyaar paaye

pyaar karte jana

Asaan hota hai kya

Dil tootne par bhi

Muskuraana

Asaan hota hai kya

Khud gam me hone par bhi

Doosron ko na rulana

Asaan hota hai kya

Sab khone par bhi

Zindagi ko jeete jana.

I do not think only a man or a woman can

Standalone achieve what

their beautiful union can.

It is in their harmony

Where prosperity lies.

Kayi dafaa hame lagta hai ki

Sab hamare soch ke vipareet

kyun ho raha hai

Par uss waqt shayad hamein

yah maloom nahi hota hai

Ki yeh aane wale hamare soch se bhi

Khunsoorat kal ke liye bahut jaroori hai.

Jaldbaazi ki shayad hamne

Apne jazbaat bayan karne me

Shayad thoda waqt aur lete

To halat kuchh aur hote.

Tumse pyar karne ki shayad

Hamari aukaat nahi

Tumhare layak ban sake shayad

Aise mere halaat nahi

Dil to pahle bhi toota hai hamara

Khair chhodo ye koi nayi baat nahi.

Aaj bhi jab ghar se wapas aata hoon

Khud ko bahut bahut maayoos pata hoon

Gharwale na dekh le aankhon me aansu

Isliye ghar se nikalte waqt muskurata hoon

Fir jab ojhal ho jaye ghar aur gharwale

Aaj bhi aviraam ashrudhaar bahata hoon

Bheengne deta hoon in palko ko jee bhar

Fir ghar par beete pal man hi man

dohrata hoon

Hawa jab tak sukha na de in

geeli aankhon ko

Chupchaap rota aur rota hi jata hoon

Udaas kar deta hu maa ki aankhon ko

Pita ka hausla aur ummeed ban jata hoon

Boodhi hoti Dadi Maa ki nam aankhon mein

Chhod ka na jane ki chaah dekh paata hoon

Dhaandhas bandhte hue

Chacha chachi ko door se

Aur bhai bahno ki gamzada

Bye dekh pata hoon

Halchal machaye rakhta tha

jis ghar me kal tak

Uske aangan ko soona

soona kar aata hoon

Aaj bhi jab ghar se wapas aata hoon.